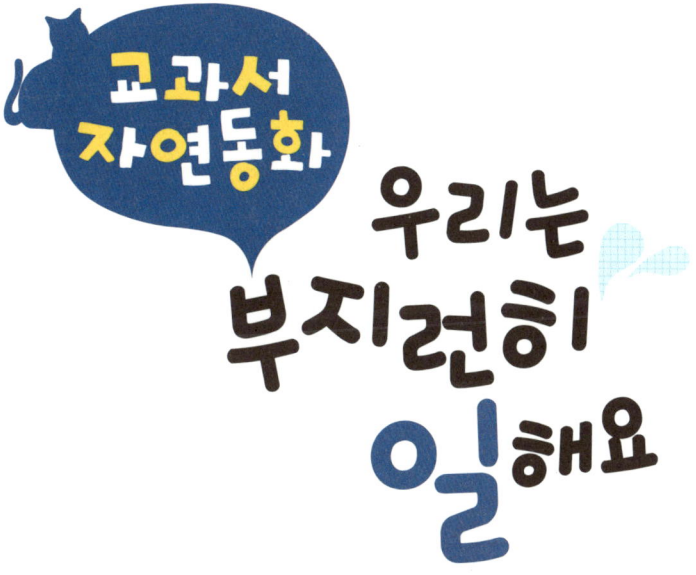

글 이상배  그림 양송이

계림북스

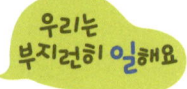
우리는 부지런히 일해요 교과서로 만나요!

| 슬기로운 생활 | 2학년 1학기 | 7. 동물과 식물은 내 친구 |

| 과학 | 5학년 1학기 | 3. 식물의 구조와 기능<br>4. 작은 생물의 세계 |

소·돼지·닭 같은 집짐승은 사람에게 길들여져 살고,
개미 사회에는 계급이 있으며,
보리는 푸른 싹으로 겨울을 납니다.
저마다 살아가는 특별한 방법이 있습니다.

# 자연을 사랑하는 어린이들에게

소·돼지·닭·개·고양이는 특별한 동물입니다.
몸에 털이 나고 네 발을 가진 동물이지만,
산이나 들에 살지 않고 농가에서 사람의 일을 도우며 삽니다.
왜 다른 동물과 달리 사람에게 길들여져 집짐승으로 살까요?
길가의 개미는 아주 작은 곤충입니다.
사람들은 하찮은 곤충으로 여기지만
여왕개미, 수개미, 일개미로 계급을 나눠
다른 어떤 동물보다 질서 있는 사회생활을 하고 있습니다.
보리는 추운 겨울 찬바람과 눈 속에서 푸른 싹으로 겨울을 납니다.
어린싹이 얼어 죽지 않을까 걱정됩니다.
그래도 추위를 이겨 내고 봄이 되면 쑥쑥 키를 키웁니다.
저마다 타고난 생김새나 습성, 자연 환경에 따라
자신들을 적응해 가며 살아갑니다.
그것은 생존과 번식을 위한 가장 특별한 방법이며,
집짐승, 개미, 보리의 지혜이기도 합니다.

### 첫 번째 이야기
사람들의 소중한 가족, 집짐승　　　14
- 더 궁금해요!　　　36

### 두 번째 이야기
작지만 특별한 곤충, 개미　　　42
- 더 궁금해요!　　　62

### 세 번째 이야기
푸른 싹으로 겨울을 나는 보리　　　68
- 더 궁금해요!　　　86

첫 번째 이야기

사람들의 소중한 가족, 집짐승

캄캄한 밤이 지나고 먼동이 밝았습니다.
"꼬끼오, 꼬끼오!"
닭장에서 수탉이 울었습니다.
"벌써 날이 밝았나?"
외양간에서 황소가 벌떡 일어났습니다.
목줄에 달린 방울이 딸랑딸랑 울립니다.

"야옹야옹."
고양이도 눈을 뜨고 기지개를 켰습니다.
"멍멍."
개집에서는 바둑이가 짖었습니다.
"꿀꿀. 밥 줘요, 배고파요."
돼지는 깨자마자 밥 달라고 야단입니다.

소, 돼지, 닭, 개, 고양이는 한 식구입니다.
이름도 다르고, 생김새도 다르고, 하는 일도 다르고,
먹는 것도 다르지만 한집에서 살고 있습니다.
사람과 함께 사는 집짐승이기 때문입니다.
짐승들이 살기 좋은 산도 있고, 들도 있는데
왜 사람 집에서 살까요? 사람을 좋아해서 그럴까요?
아니에요. 먼 조상 때부터 함께 살아와서 그런 거예요.
사람들이 먹을 것을 주니 배고프지 않거든요.
이들 집짐승들은 사람을 위해서 할 일이 있어요.

꼬끼오!

"난 새벽을 알려요."

야옹!

"난 쥐를 잡아요."

멍멍!

"난 집을 지켜요."

음매!

"난 농사일을 해요."

꿀꿀!

돼지는 대답이 없습니다.

돼지야, 넌 무슨 일을 하니?

"난…… 글쎄, 잘 모르겠어."

어미 소는 아침밥으로 쇠죽을 먹었습니다.

마른풀과 콩깍지를 섞어 쑨 죽입니다.

"푸푸! 아, 맛있다."

쇠죽을 먹고 난 어미 소는 들로 나갔습니다.

오늘 할 일은 커다란 논을 가는 일입니다.

농부는 소의 목에 멍에*를 씌우고, 쟁기*를 맸습니다.

어미 소는 꾀부리지 않고 부지런히 논을 갑니다.

*멍에: 쟁기를 끌게 하는 막대로, 소의 목에 얹을 수 있게 모양이 구부러졌다.
*쟁기: 소에 끌려 논밭을 가는 농기구.

이랴 이랴, 누렁소야

어서 어서 논 갈자

이 논 갈아 씨 뿌리고

모 내어 풍년되면

나도 배부르고 너도 배부르고

에헤야, 좋다, 좋아

바둑이가 학교 가는 농부의 아들보다 앞서 뛰어갑니다.

"바둑아, 이제 그만 돌아가."

아이가 바둑이에게 돌아가라고 손짓합니다.

"킁킁, 알았어. 수업 끝나면 빨리 와야 돼."

바둑이는 아이의 바짓가랑이를 물고 늘어집니다.

"너도 잘 놀아. 안녕, 이따 봐!"

바둑이는 기분이 좋아 꼬리를 살랑살랑 흔들며
왔던 길을 되돌아 집으로 뛰어갔습니다.
"잠깐! 그냥 지나치면 안 되지."
바둑이는 길가 참나무 밑동으로 다가갔습니다.
"여기는 내가 다니는 길이야."
한쪽 다리를 들고 오줌을 찍 눕니다.

새벽에 식구들의 잠을 깨운 수탉은
마당에서 먹이를 콕콕 쪼아 먹습니다.
곡식 낟알도 쪼아 먹고, 개미와 지렁이, 모래도 먹습니다.
"어? 모래흙이 밥인 줄 아나 봐."
옆에 있던 고양이가 말했습니다.
"나한테는 두꺼운 모래주머니*가 있거든."
모래주머니는 배 속에 있습니다. 딱딱한 먹이를 먹어도
모래와 작은 돌멩이가 잘게 부숴 줍니다.

*모래주머니: 새 같은 동물이 가지고 있는 위의 일부분으로, 튼튼한 근육으로 되어 있다.

배가 부른 수탉은 높은 담 위로 올라갔습니다.
길게 목을 빼어 꼬끼오! 하고 울어 젖힙니다.
짝짓기를 하려고 암탉을 찾는 것입니다.

깔끔이 고양이는 무얼 할까요?

"난 쥐 잡아먹는 게 일이야."

고양이는 집 안팎을 한 바퀴 돌았습니다.

흙을 파서 똥도 누고 오줌도 누었습니다.

담벼락에 몸을 비벼 대기도 합니다.

"여기는 내 땅이야."

냄새를 피워 자기 텃세권*을 알립니다.

*텃세권: 자기 힘이 미치는 곳. 오줌이나 침, 냄새를 묻혀 표시한다.

갉작갉작, 아주 작은 소리가 들렸습니다.
고양이의 수염이 실룩 움직였습니다.
'흐흐, 생쥐가 한 마리 있구나.'
고양이는 살금살금 헛간으로 다가갔습니다.
발자국 소리가 나지 않습니다.
날카로운 발톱을 살 속에 감추었기 때문입니다.
구멍에서 밖을 내다보던 쥐가 안심하고 나옵니다.
순간, 고양이가 재빠르게 쥐를 덮쳤습니다.
감추었던 날카로운 발톱이 드러났습니다.

꿀꿀, 꿀꿀. 돼지는 하루 종일 시끄럽게 울어 댑니다.

꿀꿀 돼지야, 뭐 하니
꿀꿀, 오줌 싸고 밥 먹는다
꿀꿀 돼지야, 뭐 하니
꿀꿀, 똥 싸고 밥 먹는다
꿀꿀 돼지야, 뭐 하니
꿀꿀, 땅 파고 잠잔다

"어서어서 많이 먹고 살쪄라."

농부가 날마다 빼놓지 않고 하는 말입니다.

돼지는 먹고 살찌는 게 일입니다.

우리 안에서 밥 먹고, 오줌 누고, 똥 누고…….

그러다가 심심하면 주둥이로 땅을 팝니다.

몸이 가려우면 꽥꽥거리며 바닥에 몸을 비벼 댑니다.

"내가 밥만 먹는 먹보인 줄 알아? 나도 고집이 있어."

주둥이를 잡아당기면 뒤로 가려 하고,

꼬리를 잡아당기면 앞으로 가려 합니다.

어느 날, 집짐승들이 모여 회의를 열었습니다.
어미 소와 송아지, 닭과 병아리, 바둑이와 강아지,
돼지와 여섯 마리의 햇돝*, 고양이가 모두 모였습니다.
귀 밝은 생쥐가 집짐승들이 하는 이야기를 엿들었습니다.

*햇돝: 그해에 난 돼지 새끼.

"나는 힘든 농사일 다 하고 수레로 무거운 짐을 날라.
일 년 365일 주인을 섬기지만 마침내는 고기가 되지.
그뿐 아니야. 뿔과 가죽까지 다 바치는 신세라고."
어미 소가 눈물을 뚝뚝 흘리자 송아지도 끅끅 울었습니다.

"나도 할 말이 있어. 난 날마다 달걀을 낳아.
그런데 마지막에는 목이 비틀어져 고기가 된다고."
암탉과 수탉이 큰 소리로 울었습니다.
병아리들도 삐악거리며 눈물을 흘렸습니다.

"나는 아이들의 동무가 되어 주지만
나중에는 마당 한구석에 웅크리게 되지."
바둑이가 흐느끼자 강아지도 낑낑 울었습니다.
"나도 주인의 사랑을 받지만, 나중에는 버려져.
그래서 떠도는 도둑고양이가 되고 말아."
고양이도 고개를 떨구었습니다.

"내겐 먹다 남은 찌꺼기만 많이 줘.
나를 살찌워서 잡아먹기 위해서야."
어미 돼지가 꿀꿀 울자,
새끼들도 울상이 되었습니다.

집짐승들은 한꺼번에 울기 시작했습니다.
음매! 꼬끼오!
멍멍! 야옹야옹! 꿀꿀!
"사람과 함께 사는 게 좋은 것만은 아니구나."
생쥐가 중얼거렸습니다.

집짐승이 산이나 들로 나가 살 수는 없습니다.
앞으로 백 년, 이백 년 긴 세월이 지나면
집짐승은 산과 들로 나가 야생 동물이 되고,
산과 들에 살던 동물이 집짐승이 될지도 모릅니다.

## 더 궁금해요!
# 집짐승이란 멀까요?

### 집짐승은 무슨 일을 할까?

집짐승은 집에서 기르는 동물을 말합니다. 한자어로는 '가축' 이라고 하여 소·돼지·닭·개·고양이 따위를 이르지요. 살림 형편이 어려웠던 옛날에는 소를 가리켜 '생구(生口)' 라고 했답니다. 생구는 한집에 사는 하인이나 머슴을 말하는데, 소는 그만큼 특별한 동물이었어요. 집짐승도 오래전에는 모두 산과 들에서 사는 야생 동물이었습니다. 그러나 사람의 필요에 의해 길들여져서 지금까지 사람과 함께 살게 되었지요.

**소**
옛날에 소는 농사일에 없어서는 안 되는 일꾼으로 큰 재산 가치가 있었어요. 우리나라 소를 '한우' 라고 부르는데, 털이 누런 갈색이에요.

소가 쟁기를 끌며 밭을 갈고 있어요.

외양간은 소를 기르는 곳이에요.

## 닭

닭도 옛날에는 꿩처럼 야생하던 새였어요. 집짐승이 되면서 날개를 잘 쓰지 않아 멀리 날지 못해요. 암탉은 짝짓기를 하고 약 15일 동안 10~20개의 알을 낳아요.

## 고양이

고양이는 쥐를 잡기 위해 기르기 시작했어요. 몸이 날렵하고 유연해요. 또한 얼굴 주위에 난 수염은 더듬이 역할을 해서 어둠 속에서도 미세한 움직임을 알아챌 수 있어요.

## 개

집을 지키고, 양 같은 가축을 지키며, 사냥을 하기도 해요. 냄새를 잘 맡아서 잃어버린 것을 찾고, 도둑을 잡는 일도 하지요. 주인에게는 순하게 몸을 낮추고 꼬리를 내려요.

## 돼지

돼지의 조상은 멧돼지예요. 고기를 얻기 위해 기르기 시작했어요. 몸이 튼튼하고 먹성이 좋아서 빨리 자라요. 1년에 2번 새끼를 낳아요.

## 어떤 동물이 집짐승으로 좋을까?

산과 들을 다니던 동물이 하루아침에 사람과 함께 살게 되는 것은 아닙니다. 오랜 세월에 걸쳐 서서히 사람에게 길들여져야 집짐승이 되지요. 집짐승이 되기 위해서는 우선 몸이 튼튼해야 하고, 사람을 잘 따라야 하며, 아무 데서나 잘 살 수 있어야 합니다. 또한 인간에게 도움을 주어야 하며, 새끼를 잘 쳐서 번식이 쉬워야 하고, 키우는 조건이 어렵지 않아야 합니다.

### 양
주로 털이나 고기, 우유를 얻기 위해 기르는 집짐승이에요. 1년에 한 번, 봄에 깎는 양털은 보온성이 뛰어나 겨울철 이불이나 옷의 재료로 많이 사용돼요.

윤기가 자르르 흐르는 까만 털이 부럽지?

### 염소
염소는 양과 비슷하게 생겼어요. 그러나 양과 달리 암수 모두 수염과 뿔이 자라요. 건강을 위한 약으로 많이 쓰이는데 특히 흑염소의 약효는 뛰어나다고 해요.

**집토끼**
애완용으로도 인기가 있는 집토끼는 야생의 굴토끼를 길들여 기른 거예요. 앙고라 종의 털은 가볍고 부드러우며 보온성이 뛰어나요.

난 야생의 피가 흐르는 청둥오리야.

**집오리**
청둥오리를 길들여 사육한 것이 집오리예요. 알과 고기는 먹고, 깃털은 겨울옷의 속재료로 쓰여요. 집짐승이 되면서 몸이 커지고 날개 힘이 약해져서 잘 날지 못해요.

**말**
사람이 타고 다니거나, 짐을 나르는 역할을 했어요. 요즘은 경주마로 이용하기 위해 길러요.

천연기념물 제347호 제주마야.

**제주마**
제주도에서 오랜 세월 길러 온 제주마(조랑말)는 크기가 작지만 튼튼하고 힘이 좋아요.

> 두 번째 이야기

# 작지만 특별한 곤충,
## 개미

일개미는 개미 나라의 일꾼입니다.

부서지고 무너진 집을 고치고,

새로 굴을 파 집을 넓히기도 합니다.

여왕개미가 부르면 얼른 달려가 시중을 들고,

알을 핥아 주고, 애벌레와 번데기를 돌봅니다.

먹이를 발견하면 먹이방에 옮깁니다.

그뿐만이 아닙니다.

방 구석구석에 쌓인 쓰레기를 말끔히 청소도 합니다.

후유, 너무 바빠서 허리 한 번 펼 시간이 없습니다.

깨미*는 혼자 집 밖으로 나왔습니다.
꼬물꼬물 부지런히 기어갑니다.
"개미야, 어디 가니?"
"바빠요, 바빠. 먹이를 구하러 가요."

*깨미: 개미를 달리 부르는 이름.

저쪽에서 다른 개미가 오고 있습니다.
둘은 만나자마자 더듬이로 냄새를 맡습니다.
"같은 집에 사는 일개미구나. 안녕?"
서로 인사를 합니다.
"응, 난 먹이를 찾고 있어."

쿵쿵! 깨미가 더듬이를 흔들었습니다.

"무슨 냄새가 나는데?"

냄새를 맡으며 앞으로 가 보았습니다.

빵 조각 하나가 떨어져 있었습니다.

"와, 찾았다! 무지하게 큰 거야."

큰 턱으로 먹이를 덥석 물었습니다.

"음, 달다. 빨리 다른 개미들에게 알려야지."

먹이를 조금 떼어 물고 집으로 돌아갑니다.

"냄새를 뿌려야지."

깨미는 배 끝에서 페로몬*을 뿌립니다.

먹이 있는 곳을 다시 찾아오기 위해서입니다.

*페로몬: 개미의 배 끝에서 나오는 분비물. 이 냄새로 위험을 알리거나 짝을 꾀기도 한다.

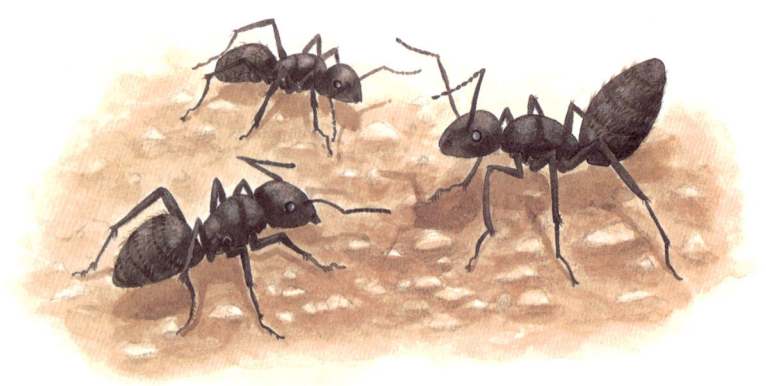

집으로 가는 길에 친구들과 마주쳤습니다.
깨미는 배를 하늘로 불쑥 쳐들어 보였습니다.
그 모양은 아주 큰 먹이를 발견했다는 신호입니다.
"어, 깨미가 먹이를 발견했대!"
일개미들이 냄새를 따라
꼬물꼬물 새까맣게 몰려갑니다.

빵 조각에 개미들이 한꺼번에 달려들었습니다.
저마다 먹이를 떼어 물고 집으로 갑니다.
커다란 빵이 점점 작아지더니
빵 부스러기 하나 남지 않았습니다.

하늘이 맑은 5월의 어느 날입니다.

바람이 살랑살랑 붑니다.

오늘은 여왕개미가 결혼하는 날입니다.

누구와 어디서 결혼식을 할까요?

여왕개미가 힘차게 날갯짓을 해 공중으로 날아올랐습니다.

"나하고 결혼해요."

작은 날개를 가진 수개미들이 다투어 날아오릅니다.

더 높이 더 높이…… 조금만 더!

여왕개미는 가장 높이 난 수개미와 짝짓기를 했습니다.

결혼 비행*을 마친 여왕개미와 수개미는 땅으로 떨어졌습니다.

"이제 내 할 일은 끝났구나."

수개미는 그 자리에서 죽고 말았습니다.

"내 할 일은 지금부터야."

혼자된 여왕개미는 날개를 떼어 버렸습니다.

여왕개미는 땅속에 조용한 방을 마련했습니다.
그 속에서 알을 낳고, 손수 애벌레를 키웁니다.
"어서 무럭무럭 자라거라."
처음 태어난 개미들은 모두 일개미입니다.
"빨리빨리 식구를 늘려야지."
여왕개미는 다른 일은 하지 않고 열심히 알만 낳습니다.
일개미들이 알과 애벌레를 돌보았습니다.

*결혼 비행: 여왕개미와 수개미들이 일제히 공중으로 날아올라 짝짓기를 하는 일.

개미 식구가 점점 늘어났습니다.

일개미들은 구불구불 길을 내고, 방을 더 만들었습니다.

방은 각각 쓰임이 다릅니다.

가장 깊은 곳 넓은 방이 여왕개미의 방입니다.

먹이를 저장하는 먹이방, 알을 돌보는 알방,
애벌레를 기르는 방, 번데기를 기르는 방,
일개미들이 사는 방, 수개미들이 사는 방,
그리고 출입구 가까이에 쓰레기방을 만들었습니다.
"여왕님, 방을 다 만들었습니다."
"공주개미 방도 미리 만들어 놓도록 하여라."
식구가 많아지면 공주개미는 새로운 여왕개미가 됩니다.

오늘도 깨미는 먹이를 구하러 나섰습니다.

길에는 부딪치는 것들이 많습니다.

돌, 흙, 풀, 나뭇잎, 막대기, 죽은 벌레…….

앗, 갑자기 세상이 캄캄해지더니 숨이 콱 막혔습니다.

"살려 줘요!"

꽁무니에 힘을 주어 시큼한 개미산*을 내뿜었습니다.

금방 어둠이 걷히고, 몸을 짓눌렀던 무게도 가벼워졌습니다.

커다란 발이 개미를 밟고 지나간 것입니다.

*개미산: 개미나 벌 등의 몸 안에 있는 일종의 독. 신맛과 쏘는 듯한 냄새가 있으며, 쏘이면 몹시 가렵다.

일개미들은 먹잇감을 구하러 다니다가 죽는 일이 많습니다.
새에게 쪼아 먹히고, 두꺼비에게 잡아먹히고,
개미지옥에 떨어져 개미귀신에게 잡아먹히고,
다른 개미 나라의 병정개미*에게 잡혀 죽기도 합니다.

***병정개미**: 일개미 중에서 전투 임무를 맡은 개미.

깨미가 친구들과 단물\*을 마시러 가기로 했습니다.

강아지풀이 가득한 들판으로 기어갔습니다.

강아지풀 줄기에 진딧물들이 잔뜩 붙어 있습니다.

진딧물은 식물의 즙을 빨아먹고 삽니다.

즙을 다 빨아먹힌 강아지풀은 시들었습니다.

개미들은 진딧물들을 다른 싱싱한 풀로 옮겨 주었습니다.

"여기서 즙을 실컷 빨아먹어."

깨미는 더듬이로 진딧물의 배를 톡톡 두드렸습니다.

단물이 방울방울 나옵니다.

"달고 맛있어. 역시 단물이 최고야!"

개미는 진딧물에게 단물을 받아먹는 대신

무당벌레로부터 진딧물을 지켜 줍니다.

\*단물: 진딧물의 꽁무니에서 나오는 당분으로 '감로'라고도 한다.

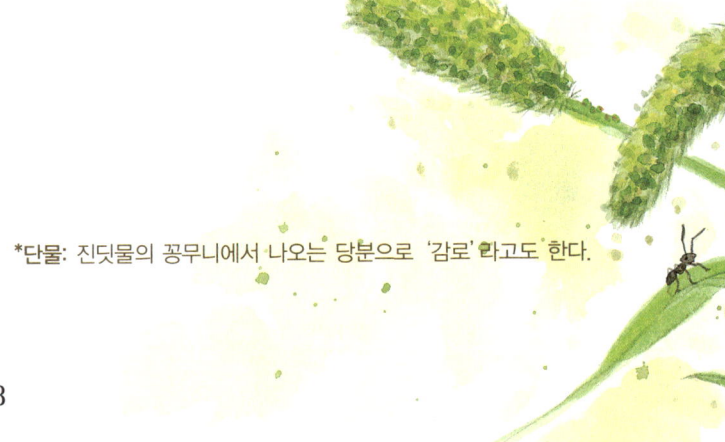

개미는 배가 잔뜩 불렀습니다.
그런데도 계속 단물을 먹습니다.
아직 다른 한 개의 위에 먹이가 차지 않았기 때문입니다.
개미는 배 속에 위가 두 개입니다.
하나는 자신의 배를 불리는 위이고, 또 다른 하나는
식구들을 위해 음식을 저장하는 사회적 위*입니다.

*사회적 위: 식구들을 먹이고, 애벌레를 키우기 위해 먹이를 저장하는 위.

"친구들에게 나눠 주고, 애벌레도 먹여야지."
개미는 세상에서 가장 작은 곤충이지만
마음은 하늘보다 넓고 넓지요.

개미야, 개미야
허리 부러진 개미야
땡볕에서 불볕에서
앞발 뒷발 으서져도
큰 산을 쌓는구나 🍏

# 개미는 집단생활을 해요

## 작지만 지혜로운 곤충

개미는 사람들이 하찮게 여기는 곤충입니다. 크기도 작고, 여기저기서 흔하게 볼 수 있기 때문이지요. 그러나 개미만큼 특별한 곤충은 없습니다. 개미는 수백, 수천 마리가 모여 집단으로 사회생활을 합니다. 각자 맡은 일은 다르지만, 여러 마리가 하나의 몸처럼 협동하며 사는 모습은 마치 한 나라가 움직이는 것과 같습니다.

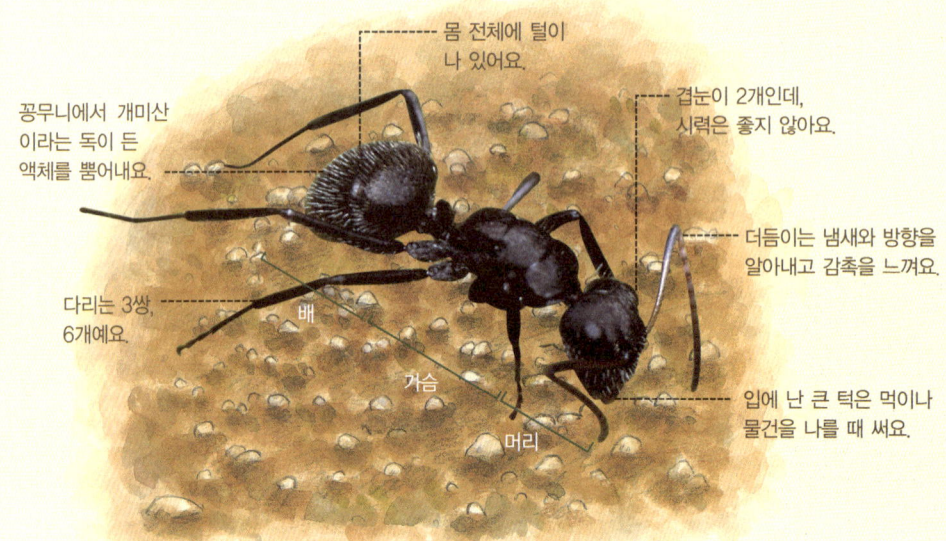

- 몸 전체에 털이 나 있어요.
- 겹눈이 2개인데, 시력은 좋지 않아요.
- 꽁무니에서 개미산이라는 독이 든 액체를 뿜어내요.
- 더듬이는 냄새와 방향을 알아내고 감촉을 느껴요.
- 다리는 3쌍, 6개예요.
- 입에 난 큰 턱은 먹이나 물건을 나를 때 써요.
- 배
- 가슴
- 머리

## 계급이 있는 사회생활

개미는 여왕개미, 수개미, 일개미 등 계급에 따라 하는 일이 다릅니다. 여왕개미는 암컷으로, 다른 개미보다 몸집이 크고 날개가 있습니다. 그러나 결혼 비행을 하고 나면 날개를 떼어 버리고 평생 알을 낳습니다. 여왕개미처럼 날개가 있는 수개미는 5월의 결혼 비행 때 여왕개미와 짝짓기를 한 후 땅에 떨어져 죽습니다.

일개미는 날개가 없으며, 온갖 궂은일을 도맡아 합니다. 집을 짓고, 알을 기르고, 먹이를 구하고, 집을 지키고, 싸움이 벌어지면 전투를 합니다.

## 개미의 한살이

여왕개미가 낳은 알은 애벌레, 번데기, 어른벌레로 자라는 갖춘탈바꿈을 합니다. 알에서 어른 개미가 되기까지는 보통 한두 달이 걸립니다.

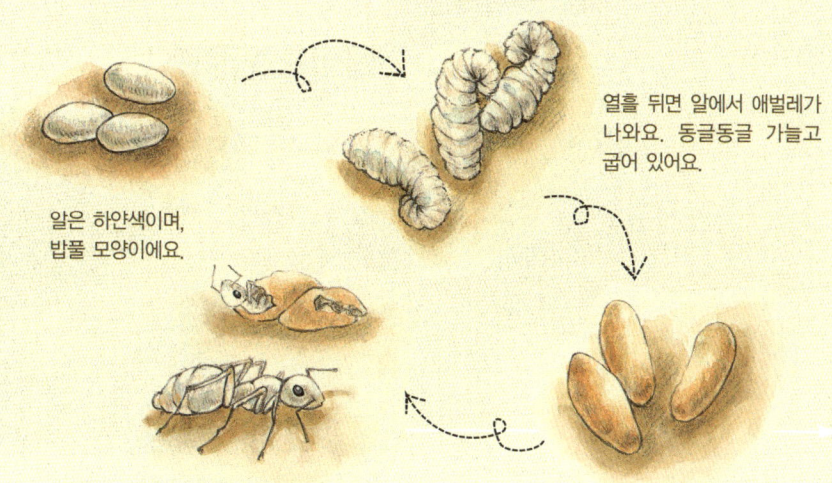

알은 하얀색이며, 밥풀 모양이에요.

열흘 뒤면 알에서 애벌레가 나와요. 동글동글 가늘고 굽어 있어요.

애벌레는 실을 몸에 감고 번데기가 되어요. 보름 동안 어른벌레가 될 준비를 해요.

번데기를 막 뚫고 나온 개미는 흰색이에요. 일개미는 태어나자마자 곧바로 일을 시작해요.

### 진딧물과 개미는 서로 도와요

진딧물과 개미는 친구처럼 서로 돕고 삽니다. 진딧물은 열심히 나무와 풀의 즙을 빨지만 거기서 얻은 당분은 진딧물에게 그리 필요한 게 아닙니다. 이 당분은 꽁무니로 나오는데 이것을 '감로' 라 하지요. 개미는 감로를 무척 좋아합니다. 진딧물의 천적은 무당벌레인데, 개미는 무당벌레로부터 진딧물을 보호해 주는 대가로 감로를 얻어먹습니다.

달콤한 감로는 먹어도 먹어도 질리지 않아.

개미가 진딧물에게서 감로를 얻어먹고 있어요.

## 다양한 개미의 종류

### 일본왕개미
몸길이 7~13mm로, 우리나라에 사는 개미 중 가장 큰 개미예요. 풀밭이나 나무뿌리 밑에 모여 살아요.

> 내 이름은 애집개미! 불개미가 아니야.

### 애집개미
애집개미는 집 안에 살기 때문에 일 년 내내 볼 수 있어요. 연한 황갈색이며, 몸길이가 2mm 남짓 되는 작은 개미예요.

### 가시개미
가슴과 배 마디에 가시 모양 돌기가 있어요. 일본왕개미의 집에 들어가 여왕을 죽이고 자기 알을 낳는 습성이 있어요.

### 곰개미
곰개미는 주변에서 흔히 볼 수 있어요. 일본왕개미보다 크기가 조금 작고, 배에 가로줄무늬가 있어요.

### 털왕개미
썩은 나무 밑의 습한 곳에서 사는 털왕개미는 몸에 긴 털이 나 있어요. 여왕개미의 배에는 붉은 줄무늬가 있어요.

"훠이, 훠이!"
새 쫓는 소리에 새 떼가 파드닥 날아갑니다.
농부는 이른 봄부터 땀 흘려 일했습니다.
벼가 익은 들판은 황금빛으로 출렁입니다.
이제 햅쌀밥 먹을 날이 머지않았습니다.

동트면 소 몰고

이 논 갈고 저 논 갈고

씨 뿌려 거름 주고

여름내 논두렁지기

일 년 농사 잘 모시어

쌀밥으로 배 불리세

"이랴, 이랴!"

쟁기를 멘 황소가 씩씩거리며 밭을 갑니다.

쟁기가 지나간 자리에 깊은 고랑이 생깁니다.

농부는 고랑에 밑거름을 뿌렸습니다.

"이제 씨를 뿌리자."

농부의 아내가 바구니를 옆에 끼고 씨를 뿌립니다.

보리씨입니다.

동부여의 왕자 주몽이
새로운 땅을 찾아 떠날 때,
그의 어머니가 오곡의 씨앗을 싸서 주었습니다.
"이 씨를 새로운 땅에 심거라."
보리는 먼 옛날부터 사람의 식량이 된 곡식입니다.

보리씨들이 흙에 덮였습니다.
잘 썩은 거름 냄새가 구수했습니다.
"다른 오곡들은 봄에 뿌려서 가을에 다 익어 거두는데,
우리는 왜 가을에 뿌려지는 거야?"
"그건 우리가 여름 양식이라서 그래.
가을에 거둔 쌀 양식이 떨어지면 먹을 게 없잖아.
그때 우리 보리가 새 양식이 되는 거라고."

"보리밥은 가난한 사람이 먹는 밥이야."

"부자와 가난한 사람이 먹는 밥이 따로 있어?"

"꽁보리밥은 맛없다고 싫어하잖아."

"하지만 우리는 쌀보다 쓰임이 많은 곡식이야."

보리밥 말고 보리로 무얼 만들까요?

보리가 익으면 알게 되겠지요.

씨앗에는 배젖이 있습니다.

뿌리와 싹을 키우는 영양분입니다.

씨앗 껍질을 뚫고 하얀 뿌리와 싹이 나옵니다.

"빨리 뿌리털을 만들자."

뿌리털은 열심히 물기를 빨아들였습니다.

여린 떡잎\*이 땅 위로 나오고, 새잎이 돋아 자랐습니다.

밭이랑은 푸른 들판이 되었습니다.

\***떡잎**: 싹이 트면 가장 먼저 나오는 잎. 식물이 자랄 양분을 저장하고 있다.

바람이 불자 푸른 싹들이 파르르 떱니다.
"날이 선선하네."
"점점 차가운 바람이 불 거야."
"얼어 죽지 않아야 할 텐데……."
황금빛으로 출렁이던 아랫녘 들판은 텅 비었습니다.
어느새 누렇던 벼들은 모두 베어졌습니다.
콩밭, 수수밭도 빈 땅이 되었습니다.
"들에 우리들만 남았어."

찬바람 속에도 보리는 잎과 뿌리를 키웠습니다.
서리가 내리고 땅이 얼기 시작했습니다.
서릿발*이 흙을 들어 올렸습니다.
"흙이 들리는 바람에 뿌리가 뽑혔어."
들린 흙은 물기를 머금지 못해 마르고,
뽑힌 뿌리는 말라 죽게 됩니다.

***서릿발**: 서리가 땅바닥이나 풀포기에 엉기어 성에처럼 된 모양.

아이들이 보리를 도우러 보리밭으로 나왔습니다.
한 사람씩 밭이랑을 차지하고 보리밟기*를 합니다.
"파삭파삭!"
자근자근 밟아 나갈 때마다 경쾌한 소리가 납니다.
"고마워요, 정말 고마워요!"
밟힌 보리들은 힘이 생깁니다.

***보리밟기**: 겨울 동안 보리싹의 뿌리가 잘 자랄 수 있게 밟아 주는 일.

한겨울 들판입니다.

나무들은 마른 잎을 다 떨구고 헐벗었습니다.

그 많던 벌레와 새, 들짐승들은 꼭꼭 숨어 버렸습니다.

보리밭의 보리싹들만 추위 속에서 떨고 있습니다.

찬 겨울비를 맞고, 포근한 눈 이불을 덮었습니다.

"이런 추위쯤은 이길 수 있어."

농부는 겨울 동안 보리밟기를 거듭해 주었습니다.

봄이 왔습니다.

겨울을 난 보리에 잎집*이 생겼습니다.

"이삭 팰 준비를 해야지."

잎집은 영양분을 저장하는 곳입니다.

곧은 줄기가 쭉쭉 자랍니다.

*잎집: 잎꼭지가 칼집 모양으로 되어 줄기를 싸고 있다.

초록빛으로 물든 5월입니다.

이삭이 팬 보리의 키가 높이 자랐습니다.

쏴, 바람이 불어오자 청보리*들이 춤을 춥니다.

출렁출렁, 초록빛 파도가 넘실거립니다.

바람을 타고 보리꽃들이 가루받이*를 합니다.

비비쫑쫑, 비비쫑쫑!

종달새가 보리밭 위에서 즐겁게 노래합니다.

"깝죽새가 우는 걸 보니 좋은 계절이구나."

휙휙, 위아래로 날아다녀 깝죽새라는
별명이 붙었습니다.

청보리 바람에 일렁인다

산과 들에 숨었던 벌레들

수런수런 기어 나오고

종다리 그네 타며 노래한다

청보리 익으면 배도 부르겠다

***청보리:** 보리 이삭이 팰 무렵의 푸른 보리.
***가루받이:** 수술의 꽃가루가 암술머리에 옮겨 붙는 일.

"아이고, 가려워."
보리에 벌레들이 모여들었습니다.
"춥기는 해도 벌레 없는 겨울이 좋았는데……."
진딧물이 줄기에 붙어 즙을 빨아먹었습니다.
밭고랑에는 개미, 거미, 땅강아지가 찾아오고,
두더지가 이리저리 굴을 뚫고 지나가기도 했습니다.

"어, 이삭이 까매졌어!"

"응, 난 깜부깃병*에 걸렸나 봐."

수염이 까매진 이삭들은 울상이 되었습니다.

보리밭을 지나던 아이들이 보리깜부기를 뽑았습니다.

"우리, 깜부기로 피리 만들어 불까?"

병든 깜부기 보릿대로 피리를 만듭니다.

"삘릴리 삘릴리."

보리피리 소리가 보리밭에 울려 퍼집니다.

*깜부깃병: 곡식의 이삭이 깜부기균 때문에 까맣게 되는 병.

청보리가 익어 갔습니다.

푸르던 빛이 점점 누렇게 변했습니다.

"올 보리농사도 잘 되었구나."

농부는 땀을 닦으며 흐뭇해합니다.

보리들도 마음이 뿌듯합니다.

"우리가 쌀보다 더 쓰임새가 있다고 했지?"

"그렇고말고."

"난 맛있는 보리밥이 될 거야."
"난 구수한 보리빵이 좋아."

"난 된장이나 간장!"
"나는 누룩*이나
엿기름*이 될 거야."

"난 좀 더 특별하게……
아이들이 좋아하는 사탕!"

내년에 태어날 보리들은 또 무엇이 될까요? 🍏

---

***누룩**: 술을 만드는 효소를 가진 곰팡이를 번식시킨 것. 보리나 밀, 찐 콩에 띄워 만든다.
***엿기름**: 보리에 물을 부어 싹이 트게 한 다음에 말린 것으로, 식혜나 엿을 만들 때 쓴다.

 더 궁금해요!

# 어린싹으로 겨울을 나는 보리

## 가을에 씨를 뿌리는 특별한 식물, 보리

보리는 오곡 중 쌀 다음으로 중요한 곡식입니다. 씨를 뿌리는 때에 따라 봄보리, 가을보리로 나뉘는데, 우리나라에서는 가을보리를 많이 심지요. 보리는 추위에 강한 식물이라 겨울에도 푸른 싹을 틔웁니다. 뿌리털이 많고 뿌리가 강해 땅속 깊이 잘 뻗어 내리기 때문입니다. 언 땅에 서릿발이 생기면 싹을 밟아 주어야 들뜬 흙에 뿌리가 붙어 싹이 웃자라지 않지요. 옛날 시골에서는 농부들은 물론이고 어린이들이 종종걸음으로 보리밟기를 했습니다.

이삭이 달린 모양에 따라 여섯줄보리와 두줄보리가 있어요.

보리 이삭에는 짧은 털이 있는데, 끝이 길게 자라서 까끄라기가 되어요.

줄기는 곧게 자라요. 속이 비어 있고 마디가 있어요.

잎은 어긋나며, 줄기 마디를 감싸고 끈처럼 길게 자라요.

### 쌀보리, 겉보리가 뭐야?

보리 껍질이 벗겨지는 차이에 따라 겉보리와 쌀보리로 나뉩니다. 겉보리는 겉껍질과 속껍질 사이에 접착 물질이 생겨 찧어도 껍질이 잘 벗겨지지 않습니다. 그래서 싹을 틔워 엿기름을 만들어 엿이나 식혜를 만듭니다. 쌀보리보다 추위에 강해 영남 지방에서 많이 심어 기릅니다.

쌀보리는 겉껍질과 속껍질 사이에 접착 물질이 없기 때문에 껍질이 낟알에서 잘 떨어집니다. 쌀보리로는 밥을 지어 먹습니다. 겉보리에 비해 추위에 약해 호남 지방에서 많이 심어 기릅니다.

쌀보리

겉보리

### 보리와 닮은 식물, 밀

보리처럼 특별한 생태를 사는 닮은꼴 작물로 밀이 있습니다. 밀도 보리와 같이 가을에 씨를 뿌려 어린싹으로 겨울을 나고, 이듬해 초여름에 수확합니다.

밀가루는 빵, 국수, 수제비, 과자, 튀김옷 등 음식을 만드는 중요한 재료로 쓰입니다. 밀알을 떨고 난 줄기를 말린 밀짚은 모자나 물건을 담는 바구니를 만드는 데 쓰입니다.

밀과 보리가 자란 것은 누구든지 알지요~!

**밀**
보리보다 키가 커서 1m 안팎까지 곧게 자라요. 보리처럼 줄기에 마디가 있으며 속이 비었어요.

**밀짚모자**
밀짚으로 챙이 넓은 여름용 모자를 만들어요. 농부들이 일을 할 때 햇빛을 가리기 위해 써요.

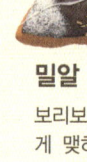

**밀알**
보리보다 까끄라기가 길고 이삭도 길게 맺혀요. 가루로 빻아 빵이나 과자, 국수 등 여러 가지 음식을 만들어 먹어요.

## 다섯 가지 소중한 곡식, 오곡

오곡은 쌀·보리·콩·조·기장으로, 아주 먼 옛날부터 우리 땅에서 키워져 중요한 먹거리였습니다. 정월 대보름날에 먹는 오곡밥은 찹쌀에 팥, 수수 등을 곁들입니다.

**쌀**
밀과 함께 세계에서 가장 많이 심는 곡식이에요. 왕겨라는 겉껍질을 벗겨 내면 흰 쌀이 나와요. 쌀은 우리의 주식이에요.

밥 먹을 때 콩 골라내지 마~.

**콩**
밭에서 나는 고기라고 할 만큼 영양이 풍부해요. 쌀에 섞어 밥을 지어 먹거나 두부를 만들고, 메주를 쑤어 장을 담가요.

**조**
자잘하게 열매 맺힌 모습이 강아지풀과 닮았어요. 조의 열매를 좁쌀이라 하는데, 밥에 섞어 먹어요.

**기장**
기장은 약간 큰 좁쌀처럼 생겼어요. 쌀과 함께 밥을 짓거나 떡을 만들어 먹으며, 새나 가축의 사료로 써요.

집짐승은 사람을 위해 부지런히 일합니다.
개미는 자신이 맡은 일을 묵묵히 해냅니다.
보리는 서릿발 속 언 땅에 꿋꿋이 뿌리를 박습니다.
사는 모습이 아름답기만 합니다.

# 교과서 자연동화 10권, 교과서로 만나요!

### 01

| | | |
|---|---|---|
| 슬기로운 생활 | 1학년 2학기 | 6. 우리의 겨울맞이 |
| 과학 | 3학년 1학기 | 3. 동물의 한살이 |
| | 4학년 1학기 | 3. 식물의 한살이 |

### 02

| | | |
|---|---|---|
| 슬기로운 생활 | 1학년 1학기 | 5. 자연과 함께해요 |
| 과학 | 5학년 1학기 | 4. 작은 생물의 세계 |

### 03

| | | |
|---|---|---|
| 슬기로운 생활 | 1학년 1학기 | 5. 자연과 함께해요 |
| 과학 | 3학년 2학기 | 2. 동물의 세계 |
| | 4학년 2학기 | 1. 식물의 세계 |
| | 5학년 1학기 | 3. 식물의 구조와 기능 |

### 04

| | | |
|---|---|---|
| 슬기로운 생활 | 1학년 2학기 | 4. 가을의 산과 들 |
| 과학 | 3학년 1학기 | 3. 동물의 한살이 |
| | 4학년 1학기 | 3. 식물의 한살이 |
| | 4학년 2학기 | 1. 식물의 세계 |
| | 5학년 1학기 | 3. 식물의 구조와 기능 |

### 05

| | | |
|---|---|---|
| 슬기로운 생활 | 2학년 1학기 | 7. 동물과 식물은 내 친구 |
| 과학 | 5학년 1학기 | 3. 식물의 구조와 기능 |
| | | 4. 작은 생물의 세계 |

### 06

| 슬기로운 생활 | 1학년 1학기 | 2. 봄이 왔어요 / 5. 자연과 함께해요 |
|---|---|---|
| 과학 | 3학년 1학기 | 3. 동물의 한살이 |
| | 4학년 1학기 | 3. 식물의 한살이 |
| | 5학년 1학기 | 4. 작은 생물의 세계 |
| | 6학년 1학기 | 4. 생태계와 환경 |

### 07

| 과학 | 3학년 2학기 | 2. 동물의 세계 |
|---|---|---|
| | 5학년 1학기 | 3. 식물의 구조와 기능 |
| | | 4. 작은 생물의 세계 |

### 08

| 과학 | 3학년 1학기 | 3. 동물의 한살이 |
|---|---|---|
| | 3학년 2학기 | 2. 동물의 세계 |
| | 4학년 1학기 | 3. 식물의 한살이 |

### 09

| 슬기로운 생활 | 2학년 2학기 | 1. 낮과 밤이 달라요 |
|---|---|---|
| 과학 | 6학년 1학기 | 4. 생태계와 환경 |

### 10

| 과학 | 3학년 2학기 | 2. 동물의 세계 |
|---|---|---|
| | 4학년 2학기 | 1. 식물의 세계 |

## 글 · 이상배

충북 괴산의 산골 마을에서 태어났습니다.
어린 시절부터 산과 들판을 뛰어다니며 자연과 함께 하나가 되던 때를 그리워하며 글을 쓰고 있습니다.
연못가에서 잠자리를 잡던 일이며, 소 꼴을 먹이던 일을 돌아보면서
자연보다 더 훌륭한 스승은 없다는 것을 늘 깨닫고 있습니다.
월간문학 신인상에 〈엄마 열목어〉가 당선된 것을 시작으로 지금까지 〈꽃이 꾸는 나비꿈〉,
〈옛날에 울아버지가〉, 〈도깨비 아부지〉, 〈아리랑〉, 〈별이 된 오쟁이〉, 〈아름다운 둥지〉,
〈책 읽는 도깨비〉등 여러 작품을 썼습니다.
대한민국문학상, 한국아동문학상, 이주홍문학상, 김동리문학상, 한국동화문학상 등을 받았습니다.

## 그림 · 양송이

대학에서 일러스트레이션을 공부하고 현재 프리랜스 일러스트레이터로 활동하고 있습니다.
대학 동아리인 동화 연구반에서 그림책의 즐거움을 알게 되었고,
그림책을 그리기 위해서는 아이들의 마음으로 생각하고 느낄 수 있어야 한다는 마음가짐을 배웠습니다.
프뢰벨 동화연구소에서 근무하며 〈은물통합프로젝트〉, 〈누리와 토리〉, 〈때때네〉 등의 작업에 참여해 그림을 그렸습니다.
〈저학년을 위한 명작 동화〉, 〈숲 속 이야기〉 등의 작품이 있습니다.

**교과서 자연동화**
**우리는 부지런히 일해요**

개정판 1쇄 인쇄  2011년 11월 25일
개정판 1쇄 발행  2011년 12월 7일

글 이상배   그림 양송이
**펴낸이** 오형석
**편집이사** 박춘옥
**편집책임** 권주원   **편집진행** 김유진, 김하나, 김주미
**디자인책임** 조기연
**제작책임** 고강석
**사진** 김태우, 김상수, 시몽포토에이전시
**펴낸곳** (주)계림북스   **등록** 제300-2007-55호(2000. 5. 22)
**주소** 서울시 종로구 평동 13-68
**전화** (02)739-0121(대표)   **팩스** (02)722-7035
**홈페이지** www.kyelimbook.com

이 책에 실린 글과 그림의 무단 전재나 복제를 금합니다.
ⓒ이상배, 계림북스 2011

ISBN 978-89-533-1441-2 74400
       978-89-533-1436-8(세트)